AF312006

19 Décembre 1904

V

VENTE
Des 19 et 20 Décembre 1904
HOTEL DROUOT, SALLE N° 1
à 2 heures 1/4

✻

ART NOUVEAU BING

MEUBLES ARTISTIQUES

Tapis — Bronzes — Céramique

APPAREILS D'ÉCLAIRAGE

BIJOUX ENRICHIS DE PIERRERIES ET D'ÉMAUX

Mᵉ LAIR-DUBREUIL
COMMISSAIRE-PRISEUR

M. ARTHUR BLOCHE
EXPERT PRÈS LA COUR D'APPEL

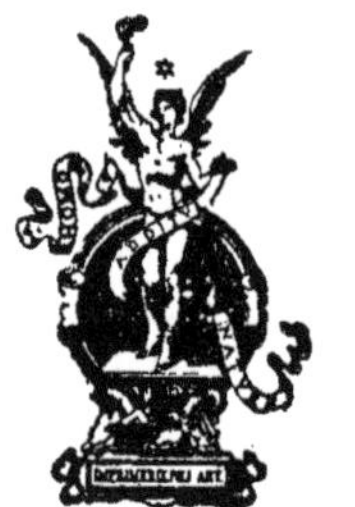

ART NOUVEAU BING

CATALOGUE

DES

Meubles Artistiques

TAPIS — BRONZES — CÉRAMIQUE

Appareils d'Éclairage

BIJOUX EN OR, ENRICHIS DE PIERRERIES ET D'ÉMAUX

DONT LA VENTE AUX ENCHÈRES PUBLIQUES AURA LIEU

Par suite de cessation de Commerce

En vertu d'une autorisation du Tribunal de Commerce de la Seine, en date
du 10 Décembre 1904, enregistrée.

HOTEL DROUOT, SALLE N° I

Les Lundi 19 et Mardi 20 Décembre 1904

à 2 heures 1/4

Mᵉ LAIR-DUBREUIL	**M. ARTHUR BLOCHE**
COMMISSAIRE-PRISEUR	EXPERT PRÈS LA COUR D'APPEL
6, rue de Hanovre, 6	51, rue St-Georges, 51

EXPOSITION PUBLIQUE

Le Dimanche 18 Décembre 1904, de 2 heures à 5 h. 1/2

CONDITIONS DE LA VENTE

Elle sera faite au comptant.

Les acquéreurs payeront *dix pour cent* en sus des prix d'adjudication.

Aucune réclamation ne sera admise une fois l'adjudication prononcée.

Paris.—Imp. de l'Art, E. Moreau et Cⁱᵉ, 41, r. de la Victoire.

DÉSIGNATION

MEUBLES

1 — Meuble de salon en bois de citronnier sculpté, recouvert de brocart fond rose, dessin à fleurs stylisées, composé d'un canapé, deux fauteuils, deux chaises. Modèle *E. Colonna.*

2 — Deux canapés, entièrement recouverts de même brocart.

3 — Secrétaire en bois de citronnier, s'ouvrant à un abattant et à étagère dans le haut, orné de marqueterie de bois à fleurs. Modèle *E. Colonna.*

4 — Casier à musique de même travail.

5 — Table de salon de même travail.

6 — Tabouret de piano, à deux places, de même travail et recouvert de même brocart.

7 — Deux fauteuils en citronnier sculpté, recouverts de brocart gris perle, à fleurettes.

8 — Meuble de bureau en bois sculpté, composé d'un bureau genre ministre et son fauteuil, deux canapés et quatre fauteuils. Modèle *Charpentier*.

9 — Petit paravent en bois sculpté et doré, à fleurs, s'ouvrant à trois feuilles, gainées de soie vieil or, brodées de fleurs en ton argent, ornées dans le haut de tapisseries au petit point, représentant des femmes dans un parc, et jouant avec des lévriers. Modèle *G. de Feure*.

10 — Petit paravent, en bois sculpté et doré, s'ouvrant à trois feuilles, gainées de soie vieil or, brodées de fleurs, offrant dans le haut le même dessin en broderie. Modèle *G. de Feure*.

11 — Petit paravent en bois sculpté et doré, s'ouvrant à deux feuilles, gainées de mousseline de soie rose, ornées d'applications de fleurs veloutées. Modèle *G. de Feure*.

12 — Meuble de salon en palissandre sculpté, recouvert de brocart, à grands ramages de fleurs stylisées, composé d'un canapé, un fauteuil et deux chaises. Modèle *E. Colonna*.

13 — Table de salon en palissandre de même travail.

14 — Bureau de dame en noyer sculpté et ciré, s'ouvrant à trois tiroirs, le haut à tablettes, recouvert de cuir. Modèle *G. de Feure.*

15 — Table de salon en acajou sculpté. Modèle *E. Colonna.*

16 — Deux tables en acajou sculpté. Modèle *G. de Feure.*

17 — Bibliothèque en poirier sculpté, s'ouvrant à trois portes ornées de vitraux, et à tiroir dans le bas, poignées en cuivre. Modèle *E. Colonna.*

18 — Grand meuble en noyer sculpté, avec niches dans le haut, et s'ouvrant à une porte de chaque côté, ornées de verre Cathédrale, le milieu à un abattant et formant secrétaire, le bas à deux portes, orné de motifs en bronze ciselé et doré. Modèle *E. Colonna.*

19 — Deux lits jumeaux en noyer sculpté, panneaux en loupe de noyer d'Amérique, reliés

par un petit meuble à étagère, avec porte
ornée de vitraux dans le haut et formant table
de nuit dans le bas. De *Delovincourt.*

20 — Chaise longue en frêne de France et de
Hongrie, sculpté et ciré, recouverte de drap
gris perle, orné de fleurs brodées. Modèle
G. de Feure.

21 — Chaise de même travail.

22 — Table à coiffer, de même bois et de même
travail, poignées de tiroirs en bronze ciselé
et argenté, le haut orné d'une glace à trois
faces, mobile. Modèle *G. de Feure.*

23 — Petite armoire de même bois et de même
travail, s'ouvrant à deux portes, le côté à
étagère et tiroirs.

24 — Grand lambris de salle à manger en noyer
sculpté et orné d'appliques de bronze ciselé.
Modèle *Eugène Gaillard.*

25 — Lambris en frêne sculpté. Modèle *G. de
Feure.*

26 — Deux glaces en acajou sculpté, dont une
ornée de carreaux en grès de Bigot.

27 — Paravent à deux feuilles en noyer sculpté,
gainé de brocart en soie fond vert, à fleurs
vieil or.

28 — Table à coiffer en acajou sculpté, s'ouvrant
à trois tiroirs, poignées en bronze ciselé et
doré, le haut orné d'une glace à trois faces.
Modèle *E. Colonna.*

29 — Petite bibliothèque en acajou sculpté,
s'ouvrant à rideaux en peluche verte, à feuillages, le haut avec niche au centre, et deux
petites portes ornées de vitraux sur les côtés.
Modèle *G. de Feure.*

30 — Buffet de salle à manger en poirier sculpté,
et orné d'appliques de cuivre découpé, le corps
du haut à deux portes vitrées, le bas à deux
portes pleines, la tablette recouverte de petits
carreaux en grès de Bigot. Modèle *Delovincourt.*

31 — Desserte en chêne sculpté et verni, s'ouvrant à deux portes vitrées, avec niche dans
le bas, et le dessus à étagère.

32 — Grande étagère de salle à manger en noyer
sculpté. Modèle *E. Gaillard.*

33 — Paravent à trois feuilles en acajou sculpté, gaîné de reps. Peint par *Aubert*. Bois de *E. Colonna*.

34 — Fauteuil renversé en frêne verni, recouvert de peluche, à feuillages ton sur ton.

35 — Banquette en acajou sculpté, le dossier surélevé, formant étagère et s'ouvrant à trois portes ornées de vitraux de couleur, dessus en étoffe à fleurs, fond vert. Modèle *E. Colonna*.

36 — Armoire en acajou sculpté, orné de cuivres ciselés et dorés, s'ouvrant à une porte ornée d'une glaee et le côté à étagères et tiroirs. Modèle *Hirtz*.

37 — Table à jeu en noyer sculpté, le dessus de cuir. Modèle *G. de Feure*.

38 — Trois étagères en acajou et frêne sculpté.

39 — Petit secrétaire en acajou sculpté, s'ouvrant dans le haut et dans le bas à une porte ornée de motifs en cuivre découpé. Modèle *Delovincourt*.

40 — Table à thé en noyer sculpté, en forme de sellette, le plateau mobile et à quatre abattants. Modèle *E. Gaillard*.

41 — Deux glaces, cadre en frêne sculpté. Modèle *G. de Feure*.

42 — Treize sellettes en acajou, chêne vert, etc., sculptées et ornées de marqueterie.

43 — Grande étagère murale en acajou sculpté et pyrogravé, s'ouvrant à une porte ornée de vitraux de couleur.

44 — Table à thé en noyer ciré, ornée d'appliques de cuivre découpé, le dessus formé d'un plateau mobile à deux poignées.

45 — Table à thé en chêne verni vert et s'ouvrant dans le bas à deux petites portes.

46 — Table à thé en acajou verni, le dessus à petits carreaux en grès de Bigot.

47 — Deux petites tables en acajou et chêne verni vert, l'une offrant sur le dessus des petits carreaux en grès de Bigot et l'autre une vitrification à fleurs.

48 — Table rectangulaire en bois des îles, à une étagère, montants en cuivre ciselé et découpé à fleurs.

*

49 — Quatorze petites tables et guéridons en acajou et chêne vert, sculptés, plusieurs ornées de marqueteries de bois à fleurs.

50 — Meuble d'antichambre en chêne vert, le fond à rosace sur fond d'or, et avec une banquette formant coffre.

51 — Table de salle à manger, de forme rectangulaire, en acajou sculpté, piétement à traverses et entrejambes. Modèle *Delovincourt.*

52 — Table de salle à manger rectangulaire en noyer sculpté. Modèle *E. Gaillard.*

53 — Deux petits paravents à deux et trois feuilles, tendus de soie à fleurs.

54 — Paravent à trois feuilles en acajou, garni de peluche, fond rose, à fleurs et feuillages ton sur ton.

55 — Vingt-neuf chaises légères en bois de différentes essences, les unes recouvertes d'étoffe et velours, les autres en blanc.

56 — Quatre chaises de salle à manger en noyer
et acajou sculptés, dont deux recouvertes de
cuir repoussé et teinté. Modèle *E. Gaillard.*

57 — Douze chaises de salle à manger, de
modèles et bois différents, foncées de canne
et recouvertes de cuir.

58 — Paravent-étagère en chêne vert, le haut à
colonnettes, et orné de panneau en velours
Liberty à fleurs.

59 — Deux jardinières en frêne sculpté, ornées
de panneau en pâte de verre à dessin de
vagues.

60 — Trois jardinières en acajou, ornées de carreaux de faïence à fleurs.

61 — Deux grandes glaces, cadres en cuivre
repoussé. Modèle *E. Gaillard.*

62 — Petit fauteuil-crapaud en poirier sculpté,
recouvert de brocart à dessin vert sur fond
jaune. Modèle *G. de Feure.*

63 — Petite chaise en acajou sculpté et ciré, recouverte de brocart. Modèle *G. de Feure.*

64 — Table-bureau en acajou naturel sculpté et
ciré, s'ouvrant à deux tiroirs, poignées et
entrées de serrures en bronze ciselé, dessus
en cuir havane. Modèle *G. de Feure*.

65 — Cinq étagères d'appliques en acajou, noyer
et frêne sculptés, ornées d'appliques de cuivre, les portes de vitraux de couleur.

66 — Grande table rectangulaire en chêne clair.
Modèle *M. Biais*.

67 — Petit canapé-causeuse en poirier sculpté,
recouvert de peluche, dessin à feuillages
ton sur ton. Modèle *Hirtz*.

68 — Petit canapé en acajou, recouvert de velours fond vert à feuilles, en camaïeu.

69 — Petite bibliothèque tournante en bois vert.

70 — Deux tabourets de piano en frêne clair,
ornés de marqueterie.

71 — Banquette d'antichambre formant coffre,
en acajou ciré, ornée de panneaux en cuir
repoussé, et le dessus de brocart à grands
ramages de fleurs.

72 — Fauteuil en acajou, recouvert de moquette à fleurs.

73 — Banquette en chêne vernis vert, dossier et accotoirs à colonnettes, recouverte de gros grain vert.

74 — Trois banquettes en bois laqué vert d'eau, recouvertes d'étoffe verte.

75 — Fauteuils de même travail.

76 — Trois fauteuils de bureau en acajou et noyer, recouverts de cuir vert et havane.

77 — Quinze fauteuils en acajou, chêne vert, frêne, recouverts de paille, velours Liberty, étoffe à fleurs et en blanc.

78 — Trois grands fauteuils recouverts d'étoffe à fleurs et à grands ramages.

79 — Deux banquettes en chêne vert, dont une foncée de paille et l'autre recouverte de velours Liberty à fleurs.

80 — Deux fauteuils, en frêne et acajou, recouverts de velours.

81 — Ecran en acajou, feuille en brocart, à dessins
jaune et bleu.

82 — Porte-chapeaux-étagère en chêne verni
vert, avec crochets de cuivre.

83 — Porte-manteaux en acajou, avec crochets
de cuivre. Modèle *Gaillard*.

84 — Petit guéridon en cuivre jaune et rouge,
repoussé et ajouré.

85 — Porte-parapluie en chêne verni vert, en
forme d'éventail.

86 — Petite étagère en chêne verni vert, ornée
au centre d'une glace et de petites étagères
sur les côtés.

87 — Porte-chapeau en chêne verni vert, avec
crochets de cuivre.

88 — Meuble en chêne clair, en forme de fer à
cheval et avec vitrine.

89 — Table de bureau en chêne vert.

90 — Deux devants de cheminée, à rondelles de
cuivre découpé.

91 — Petite table en fer forgé et cuivre.

92 — Cache-pot en acajou, cerclé de cuivre.

OBJETS D'ART

93 — Divers appareils d'éclairage : bougeoirs, flambeaux à deux et trois branches, appliques, lampes, lampes-colonnes, plafonniers, suspensions en bronze, bronze argenté, cuivre vernis, etc. (préparés pour le gaz, l'électricité et le pétrole. Modèles *G. de Feure*, *E. Colonna*, etc.

94 — Deux lustres en bronze ciselé et doré, ornés de fleurs. Modèles *G. de Feure*.

95 — Divers objets en cuivre verni : aiguières, cafetières, plats, théières, plateaux, encriers, bouilloires, samovars, flambeaux, bougeoirs, lampes, etc.

96 — Collection de vases, etc., avec montures en bronze. Modèles *M. Bing*.

97 — Collections de vases en grès flammés de Dalpayrat, Bigot, etc.

98 — Suite d'objets d'art en bronze ciselé et ornés
d'émaux comprenant des encriers, oiseaux,
animaux, groupes de personnages, salières,
etc.

99-100 — Suite de papeteries en bois, ornées
de marqueterie, à fleurs et animaux.

101 — Suite de pendules en bronze, ornementées.
Dessins de *de Feure* et *Colonna*.

102 — Collection de poteries flamandes, jardinières, potiches, etc.

103 — Collection de verreries artistiques, comprenant des vases, aiguières, bouteilles, ca-
rafes, ornés de fleurs, feuillages ou d'irisa-
tions, partie montée en bronze.

104 — Collection de buvards, sous-mains et
coffrets, recouverts de cuivre repoussé et
ornés de cabochons.

105 — Collection de buvards, coffrets, calen-
driers, papeteries, bloc-notes, cadres, porte-
monnaie, en cuir à feuillages, oiseaux et orne-
ments, repoussés et gravés.

BIJOUX

106 — Pendentif en or, orné d'émaux et d'une tête de femme en ivoire. Modèle *Marcel Bing*.

107 — Sautoir en or, orné d'émaux. Modèle *E. Colonna*.

108 — Pendentif en or et émaux, enrichi d'une opale. Modèle *E. Colonna*.

109 — Sautoir en or, enrichi de perles baroques.

110 — Deux broches en or, orné d'émaux et d'opales, têtes de femme en ivoire. Modèle *Marcel Bing*.

111 — Douze broches en or, ornées de perles baroques. Modèles *Colonna* et *De Feure*.

112 — Quatre pendentifs, dont trois avec chaînettes, en or, enrichis de perles baroques et d'émaux. Modèle *E. Colonna*.

113 — Douze bagues en or, enrichies d'opales, de turquoises, émeraudes, etc. Modèle *E. Colonna*.

114 — Dix épingles de cravates, ornées d'opales, perles et émaux. Modèles *E. Colonna*, *M. Bing* et *De Feure*.

115 — Collection de bijoux en argent ciselé : boîtes, ceintures, broches, agrafes, épingles, boucles de ceinture, etc.

116 — Collection de bijoux en argent doré : épingles, broches, boutons de manchettes, etc., enrichis d'émaux et de perles baroques.

TAPIS, TENTURES

117 — Grand tapis, fond gris-perle. Carton de *Brangwyn*.

> Long., 3 m. 75 cent.; larg., 3 mètres.

118 — Carpette en mohair argenté. Carton de *G. de Feure*.

> Long., 2 mètres; larg., 1 m. 20 cent.

119 — Carpette fond beige. Carton de *G. de Feure*.

> Long., 2 mètres; larg., 1 m. 20 cent.

120 — Quatre carpettes de différents tons et
dessins. Cartons de *Brangwyn*.

Long., 1 m. 90 cent.; **larg.**, 1 m. 80 cent.

121 — Carpettes de différents tons et dessins.
Cartons de *E. Colonna*.

Long., 1 m. 65 cent.; **larg.**, 90 cent.

122 — Carpette, fond bleu-ciel à fleurettes.

Long., 1 m. 60 cent.; **larg.**, 90 cent.

123 — Quinze petits tapis de différents tons et
dessins.

124 — Paire de rideaux en peluche olive.

125 — Trois coussins en velours pyrogravé.

126 — Objets divers non catalogués.